特定非営利活動法人　共同保存図書館・多摩
法人化第１回総会記念講演　記録（２００８・５・２５）

公共図書館と協力保存

―利用を継続して保証するために―

安江　明夫

はじめに

ただいまご紹介いただきました安江でございます。

最初に、この度は共同保存図書館・多摩（以下、「多摩デポ」）がＮＰＯ法人として認可されて総会が開かれ、夢の実現というのでしょうか、皆さま方の計画が大きく前進したことにつきまして、お祝い申し上げます。

それからまた皆さん方が、これまで大変、意欲的にこの事業を前進させてこられている、そのことを深い敬意とともに見ておりました。この機会にそのことをお伝えいたします。同時に、この事業に対する声援を申し上げます。

それで、今日は一時間ほど「公共図書館と協力保存―利用を継続して保証するために」の題でお話をさせていただきますが、皆さん方、特に多摩デポ関係者の方々にとっては、これから話しますことは先刻承知のことばかりと思います。私なりの視点で整理いたしますが、何か新しいことを皆さんにお話しできることはない。ただそうであっても少し違う視点からお話し、皆さんが理解を一層、強固にされる、あるいは幅広く共有していただく、そういう機会になればいいと考えお話しいたします。

それから、私の話の後、皆さんからいろいろご質問・ご意見をいただく時間、その後にさらに意見交換の時間が設けられています。その中で皆さんから補強していただく、私も皆さんから教えていただく、そうしていただければ有り難く存じます。

全体として、最初に、図書館にとって資料保存とはどういうことかということ。次いで特に公共図書館にとって資料保存とはどういうことだろうかをお話しさせていただき、それから共同保存図書館の話題に移っていきます。

NPO法人　民間非営利組織

NPO（Non-Profit Organization）法人とは、所轄庁（事務所が所在する都道府県知事、2以上の都道府県内に事務所を設置する場合は内閣総理大臣）の認証を受けた特定非営利活動法人をいう。特定非営利活動促進法に掲げる活動に該当し、「不特定かつ多数のものの利益の増進に寄与することを目的とするもの」

保存と利用

会場に**津野海太郎**さんがいらっしゃいます。二〇〇六年十月、一年半ぐらい前の『**出版ニュース**』に津野さんが、「本を捨てるな！『ＮＰＯ共同保存図書館・多摩』のこころみ」という立派な文章をお書きになられました。非常にメリハリのきいたインパクトのある内容で、私は感銘を受けましたが、その中で一つ興味深く拝見したのが、この「共同保存図書館・多摩」を立ち上げたときに、ネーミングをどうしようかというお話でした。内容的には、**デポジットライブラリー**なのでカタカナ書きのデポジットライブラリーでいこうか、それとも日本語に直して共同利用図書館といったらいいか、あるいは共同保存図書館とすればいいか。そういうことが、皆さんのところで議論になったことが紹介されています。それは、「保存と利用」の表裏一体の関係を示すものでして、その観点から特に興味深く伺いました。

津野海太郎（一九三八―　　）

一九六二年三月、早稲田大学卒業。「新日本文学」編集部、晶文社取締役を経て、二〇〇〇年十月より和光大学教授。二〇〇三年十月から二〇〇六年九月まで梅根記念図書館長。二〇〇九年三月退任。著書に、「本とコンピュータ」「本はどのように消えていくのか」「だれのための電子図書館？」「ジェローム・ロビンスが死んだ」ほか多数。

出版ニュース

一九四六年十一月に創刊された、出版ニュース社発行の旬刊雑誌。出版・印刷・図書館等に関する広範な話題を提供し続けている。

デポジットライブラリー

設置主体を異にする複数の図書館が、それぞれの所蔵する資料の一部を共同で保管し、書誌・所蔵情報の管理と提供を行い、物流システムを保証して、利用者の求めに応じて共同利用できるようにした資料保存センター。

というのは、これまで保存と利用は相反するものという理解がありました。今も多少はあると思います。実際、具体的に資料を管理している方々からいうと、傷んでいる資料がある。古い資料がある。これを利用し続ける、あるいは複写して利用してもらうとなると、どうしても資料はさらに傷んでしまう。ついには保存も利用もできなくなる。そういうことからすると、利用はできるだけ少ない方がいい。利用を制限しましょう。一番良いのは利用を禁止することだ。まじめな司書、管理者の方々からすると、そうなってしまう。

利用と保存はライバルでしょうか。一九八四年の**全国図書館大会**が大阪で開催されたとき、**日本図書館協会**として初めて資料保存をテーマにした分科会が設けられました。そのときの分科会のテーマは「保存と利用の調和を図る」で、酸性紙の問題を中心にしている。丁度、一九八三年ぐらいから**酸性紙問題**が社会的にも図書館の中でも幅広く議論されてきたところでした。なので、それを話題としながら、利用は大事だけど保存も大事だ、その調和を図らなければいけない。そのようなテーマ設定になっていました。大阪府立図書館の人が中心で非常に熱心にやっていただきましたが、私自身はこのテーマ設定については違和感を抱いていて「それは違うのではないか」と思っていました。

資料（図書館資料）

一般的には、研究・調査などのもととして用いる材料のことをいうが、図書館では、図書館が収集の対象とするもののことを「資料」または「図書館資料」とよんでいる。

図書館法では、「郷土資料、地方行政資料、美術品、レコード及びフィルムの収集にも十分留意して、図書、記録、視聴覚教育の資料その他必要な資料（電磁的記録も含む）」を収集して提供するよううたっている。

全国図書館大会

日本図書館協会が全国の各種図書館や図書館に関係する団体に呼びかけて図書館界の発展を目的に意見交流や情報交換を行う場として、開催する全国大会。二〇〇八年は、兵庫県で開催された。

日本図書館協会

全国の公共図書館、大学図書館、学校図書館、専門図書館、公民館図書部、その他の読書施設及びこれらに関係ある者の連絡、提携のもとに、図書館事業の進歩発展を図り、わが国文化の進展に寄与することを目的とした財団法人。

酸性紙問題

二十世紀前半に刊行された書籍の劣化が急速に進んでいること、基本的な原因が紙中の酸にあることなどを明らかにした一九五〇年代のアメリカでの調査をきっかけに広く知られるようになった。

日本では『本を残す：用紙の酸性問題資料集』（金谷博雄編訳　かなや工房　一九八二）が、酸性紙問題を中心にした資料保存の問題に対する関心を広く呼び起こし、資料保存活動に具体的に取り組むきっかけとなった。

先ほど言いましたように、保存と利用が相反するという理解を超えて、何とか資料を保存しながら、利用もやっぱり大事だ、その二つを調和させたい、させるべきだ。それが、分科会テーマの趣旨だったと思います。で、その趣旨は理解できます。が私は、繰り返しですが「それは違う」とそのとき受け止めました。

ＩＦＬＡの「資料保存の原則」

その少し後、ＩＦＬＡ（国際図書館連盟）は一九八六年、東京大会が開かれた年に、今から二〇年ちょっと前になりますけれども、一九七九年にできたＩＦＬＡ「資料保存の原則」改訂版を出しました。東京大会でもその紹介がございました。一九七九年の「資料保存の原則」は非常に優れたものでして、私は改めて今もう一度それを読み直して、それを甦らせなければいけないと考え、最近、**文章**もまとめました。

ＩＦＬＡ (International Federation of Library Association and Institutions)
一九二七年に国際図書館協会連盟として成立した、各国の図書館協会および図書館関係機関の国際組織。一九七八年には図書館協会以外に、図書館、図書館学校、関連機関・短大の正式会員としての加盟を認め、国際図書館連盟と改称した。二〇〇九年二月現在、約一五〇カ国一六〇〇の団体が加盟。

「現代に生きる図書修復の思想―『IFLA原則（一九七九）』を巡る考察」安江明夫　文化財保存修復学会誌　53号（2008）54～66頁

一九七九年版原則のタイトルは「保存修復の原則」でしたが、それが出ましたときに図書館、IFLAの関係者の中から、「これは優れているけれども不十分だ。このままではいけない」の批判があり、すぐに改訂の作業が始まりました。結局、随分時間がかかって、八六年に改訂されました。改訂したところは幾多ありますが、眼目の一つは「七九年版資料保存の原則」には「なぜ保存するのかの問いがない」ことでした。「貴重な資料、歴史的な資料は保存が当然」の理解の下に「保存修復の原則」が立てられた。しかしそれを図書館全体に広げてみると、図書館には貴重書以外にも多種、多様な資料がある。新聞もあれば雑誌もある。歴史的資料もあれば新しい資料もある。研究図書館と公共図書館では方針が異なる。そういうこと全体に対する基本原則の点では、「七九年版原則」は不十分で「改訂版原則」が作成された。この「八六年改訂版原則」は画期的なものと理解しています。

日本では、分科会を設けたこと自身が画期的だった一九八四年の全国図書館大会（大阪大会）の後、日本図書館協会に資料保存研究会が設置され、それが現在の資料保存委員会に繋がります。以後、毎年、資料保存をテーマにする分科会が設けられ、今年度の兵庫大会でも同じです。

利用のための資料保存

一九九一年の図書館大会の資料保存分科会テーマは「利用のための資料保存」でした。「何のために」の目的をきちんと踏まえたテーマ設定でした。保存の目的は利用です。図書館は利用者サービスのための機関ですから、当然、保存の目的は利用となる。で、「利用のための資料保存」。そうしたテーマ設定です。「利用のための資料保存」は多少スローガン的なところがありますが、それ以降、日本図書館協会の資料保存委員会は、例えば小冊子『**目で見る「利用のための資料保存」**』（これは資料保存のガイドブックですが）、わざわざ「利用のための」を付しています。

教育用ビデオも制作されましたが、それも『利用のための資料保存　概説編』と『利用のための資料保存　実践編』でした。そういうことで、利用のための、を強調しながら日本図書館協会、特に資料保存委員会では活動を進めてきています。

『目で見る「利用のための資料保存」』（シリーズ本を残す６）
日本図書館協会資料保存委員会編著　日本図書館協会　一九九八・四

『利用のための資料保存　概説編』
日本図書館協会監修　ＶＨＳ１巻　紀伊国屋書店　一九九六

『利用のための資料保存　実践編』
日本図書館協会監修　ＶＨＳ１巻　紀伊国屋書店　一九九六

プリザベーションとコンサベーション

一九八六年版「ＩＦＬＡ資料保存の原則」について少し触れたのですが、前の「七九年版原則」は、「コンサベーションと修復」の原則でした。八六年になって、もう一つ大きな枠組みを設定し「プリザベーションとコンサベーションの原則」としました。「プリザベーション」も「コンサベーション」も両方とも日本語で言うと「資料保存」ですが、これについて説明させていただきます。

「七九年版原則」を議論した人たちは、最初、修復の原則を作ろう、それが世界的に必要だ。各国でマチマチに行われている修復作業を見直し、素材を見直し、やり方を考えて、修復の原則を考えました。七五年頃のことです。ですけど、修復というのは「治療」ですね。傷んだものを治す。劣化したものに手当てをする。それは必要だけれども、それと並んで重要なのが「予防」である。人間の場合の健康管理、保健衛生と同じです。けがをすれば、病気になればお医者さんに診ていただく。だけど、それ以上に大事なのが健康を維持するための防備です。「防ぐこと」と「治す」こと、この二つの柱で資料保存が成り立たなければいけないという理解。これを示した点でも「七九年版原則」は非常に優れています。

先ほど言いましたように、だけどそれだけでは十分ではない。図書館として考えるともう一つの大きな資料保存の枠組みが必要です。貴重な資料だけではなくて、図書館蔵書の全体、そして保存の目的を意識した新しい考え方の枠組み（パラダイム）、つまりプリザベーションが必要とされました。

（図１）プリザベーションとコンサベーション

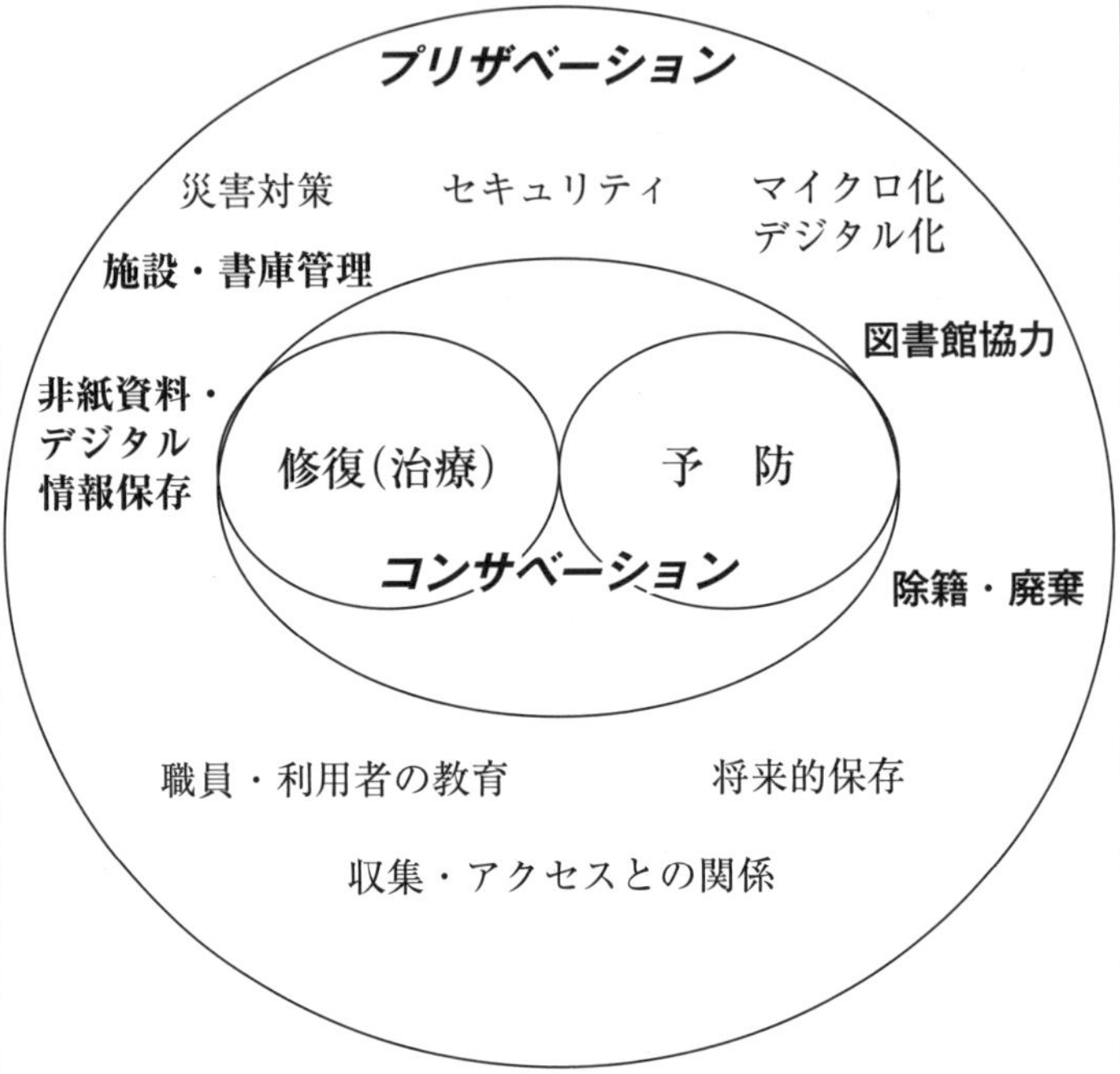

　では、プリザベーションとは何でしょうか。コンサベーション、これは分かりますよね。貴重な資料などがあって、傷んだモノを治す。傷まないように温度・湿度を管理する。保存箱に納める。取り扱いに注意する。そうしたことですが、「コンサベーションを超えて」のプリザベーションは何でしょうか。

　（図１）をご覧下さい。まず例えば、マイクロ化・デジタル化といった代替です。郷土資料などをマイクロ化する方策です。それからセキュリティ、本の盗難防止とかページの切取り防止とかです。災害対策。災害に遭ってから修復するだけじゃなく、災害に遭わないようにするにはどうしたらいいか。災害に遭ったときに、何を優先的に守るのか。災害防止のためにどういう手当てをしていくかなどです。施設・建物、書庫管理、それから収蔵（書庫）スペース。収蔵スペースについては、後でもう一回お話ししますが収蔵スペースの確保は資料保存上、非常に大事なことです。

それから、コンサベーションといったときに、図書館では、大事な古い資料など大体が紙の資料でしたが、それがすべてではない。例えば音盤がある。ビデオがある。映画がある。それから今であれば、デジタル資源もある。それらの保存は「資料保存とは別」では無論ない。図書館として大事なサービスの基盤であれば、それをどうするか。三〇年、五〇年後のためにどうするか。保存の課題として、当然、それが含まれます。

それから、職員がどのように資料を扱わなければいけないか。利用者にどんな取扱いをしてもらわなければならないか。職員とか利用者の教育も重要な方策です。

さらに図書館ではどんな本を収集するかが何を保存するかに密接に関係します。利用者サービスもそうです。どういうサービスをしたいかが、どういう資料をいつまで保存するかを規定します。ですから、保存について考える場合、収集や利用の方針との関係も出てきます。

加えて大事なのが図書館協力です。図書館の場合には、収集する資料は印刷物が中心です。これはいろんな図書館が所蔵しうるものです。各図書館が同じものを保存するのではなくて、図書館どうし協力し合って、例えば分担保存する。そういう協力の枠組みで保存をしていく方策がプリザベーションに入ってくる。コンサベーションは、自分のところにあるものについて、どう大事にしながら守って行くか、で図書館協力を考えたりはしない。

最後に**廃棄**で、今日のテーマになりますが、廃棄ほどコンサベーションから遠いものはないですね。モノが無くなるわけですから。ですけれどプリザベーションの観点では、図書館がきちんと機能するためには、廃棄は大事なポイントです。専門図書館であれ、**公共図書館**であれ、プリザベーションにおいて廃棄は重要な項目の一つです。

「廃棄」と「除籍」

「廃棄」は、図書館の蔵書の中から取り除いて捨てること。

「除籍」は、一般的には名簿や戸籍からその名前を除くことだが、図書館では、所在不明であったり、破損、汚損があったり、あるいは不要となった資料を原簿から削除することを「除籍」と称している。除籍された資料は、廃棄、寄贈、売却、管理換などの処理がとられる。

公共図書館

広く不特定の人々に公開されている図書館全般のことをいう。

「図書館法」では、一般公衆の利用に供し、その教養、調査研究、レクリエーション等に資することを目的とする施設のことを「図書館」と定義し、この内、地方公共団体が設置するものを「公立図書館」としている。

資料保存の定義

そのようにプリザベーションを考えながら、我々が共有するに至った理解は次のことです。資料保存というのは、皆さん、「資料を大事に守ることだ」「傷んだ資料を治すことだ」と考えますよね。それは一面ではそのとおりなのですが、八〇年代以降、新しい理解が育ってきました。それは「**資料保存とは、資料をできるだけ長く保存し、資料の現在と将来の利用を保証すること**」とする理解です。現在必要な人たちに資料をサービスするのは当然ですが、それで資料が傷んでしまって三〇年後、五〇年後、それが使えない、利用できないのでは困ります。将来においても、利用を保証できるようにすること。資料の継続的な利用を保証する。それを資料保存と考えましょう。そのような理解にいたりました。

私は利用を継続的に保証することに加え、資料に手当てを加えるなどして利用を向上させることも資料保存と考えています。

別に難しいことではありません。例えば、貴重な資料があってマイクロ化する。マイクロ化すると、貴重な資料をモノとしてきちんと保存しながら、マイクロフィルムは自由に使えます。図書館間貸出もできますし、頒布も可能。利用が拡充できる。デジタル化できればもっとすごい。デジタル化してウェブで公開となれば、世界中の誰でもアクセスできるようになります。利用の大幅な拡大が図れる。それは資料保存とは別のことじゃない。私からすれば、資料保存にそれは含まれる。何といっても「利用のための保存」ですから。別の視点から言うと、モノへの対応として資料保存を考えるだけでなく、図書館の重要な機能として考えるべきだ。そういう考え方が八〇年代から九〇年代にかけて共有されてきました。

公共図書館と資料保存

公共図書館と資料保存の関わりを申し上げると、大きくは次の三点と私は考えます。この点は、皆さんで、公共図書館にお勤めの方もいらっしゃるので、また後で議論して下さい。一応、公共図書館の資料を特別蔵書と一般蔵書と分けてみました。この二つの柱で考えると考え易いのではないかと思います。

特別蔵書の場合

特別蔵書とは、公共図書館の場合は第一に地域資料、郷土資料です。これには、例えば行政資料のような印刷物も含まれます。他方では、古文書のようなのもあります。また地図や写真や映画やビデオやその地域で発生した、製作された、あるいは地域の中のどなたかの個人の資料・コレクションだったりする。こういう資料は、将来的にはその図書館にしかないかけがえのないものと位置付けられると思います。

例を持ってきました。これは『小平市立図書館の資料保存と古文書補修』で、小平市立図書館が十数年かけて進めてきた計画の実施報告書です。同市の重要な地域資料である小川家文書ほかの整理、補修、**マイクロ化**等の一連の優れたプロジェクトが丁寧に紹介されています。公共図書館における資料保存事業として目を見張るものがあります。これは一つの事例で、もちろん事例は他にもたくさんあります。が、今日はこれについては触れません。

『小平市立図書館の資料保存と古文書補修
―東京都文化財保存事業「小川家文書保存修理」に関する報告書』

小平市中央図書館　二〇〇七・三（小平市立図書館ホームページの「古文書コーナー」でも全文掲載）

一　小平市立図書館の資料保存と古文書補修
二　リーフキャスティング技術の導入
三　小川家文書の補修方法と経過　Ⅰ
四　小川家文書の補修方法と経過　Ⅱ
五　小川家文書ダメージアトラス
六　リーフキャスティング法について～世界的視点から

マイクロ化

原資料の保存のため、日常の利用には撮影済みのマイクロフィルムを提供できるように図書、雑

誌、新聞、書類、図面などを特殊カメラで撮影すること

一般蔵書の場合

一方、一般蔵書とは、特別蔵書以外のすべての図書、雑誌、新聞、ＣＤ－ＲＯＭ等々を指します。一般蔵書は、ほかの図書館にもある。都立図書館、大学図書館等にもある、少なくともあり得る。そういう類の資料です。ユニークなものではない。ですが市民にとっては大変重要なものです。皆さんが日頃、利用する資料ですから。

この資料群については、日常的な資料の維持管理が必要です。日常的な維持管理とは、例えば、ページが取れて本が返却されてきたら、そのままで次の利用に供するわけにいかない。それで簡単な補修をする。本の背が本体から外れている場合には糊を差して治してやる。あまり傷みのひどいときには新しい本を買って取り替える。**ブックポスト、ブックドロップ**といった返却ボックスで返却されるものは、どうも本が傷み勝ちなので構造を考え直す。利用者の資料利用のマナーが悪くて、線を引く人、汚す人が多いと聞きますが、そうであれば利用者に資料の扱いを注意する。ポスターやしおりを作って注意を喚起する。**ブックディテクション**を設置して資料の盗難防止を図る。そうした日常的な手当です。

ブックポスト、ブックドロップ、ブックリターン

主に公共図書館、大学図書館で、資料返却の利便性を図るために、出入口近くなどに設置された返却箱。閉館後や休館日などでも図書館資料を返却できる。日本では、ブックポストと呼ぶことが多いが、ブックドロップ、ブックリターンともいう。

ブックディテクション（ブックディテクションシステム）

図書館から図書館資料を借り出す際、手続きをしないで持ち出そうとすると、出口ゲートで警告の音声を発する仕組み。警告音と同時にゲートが閉鎖される製品もある。

少し横道にそれますが、日常的な手当の中に次のことも含まれる。どの公共図書館でも、本に透明の、フィルムシートをかける。ブックカバーですね。資料保存関係者の多くはこれを資料保存の取組と考えない。公共図書館の方も、一般の方もその点では同じかも知れない。けれど、これは資料保存に大いに関係します。以前はこういう便利なものはありませんでした。便利というのも変ですけど、これがないとどうなるか。これを付けるのは何のためか。清潔さを保てる、快適に資料を利用してもらえる、長持ちする。そういうことがありますよね。それは、まさに「利用のための資料保存」です。フィルムシートをかけて利用に供する、戻ってきたらアルコールでカバーを拭く。そして書架に戻す。それで利用者が快適に、きれいな本として使っていただける。ですからこれは非常に大事な資料保存の手当です。

ですが、保存図書館という言葉がありますよね。例えば、国会図書館は保存図書館です。それから大学図書館もそうです。都立中央図書館も、そうです。興味深いのは、そういうところでは、長年、ブックカバーは付けなかった。資料保存のためにしてはいけないと考えてきた。同じく資料の保存を眼目にしながら、この場合には、理解、価値観が違うために、具体的な方策は反対になっている。資料保存のためブックカバーはかけない。かけないでどうするかというと、大概の大学図書館、国会図書館もそうですけれども、ブックジャケットという外側のカバーは保管上、邪魔ですから捨てる。それで本はカバーなしで排架する。多くの保存図書館、研究図書館でそうしてきた。最近になって、その扱いが変わってきているようです。

ちょっと横道にそれましたが、これについては、また必要でしたらお話しします。ともあれ、日常的な資料の維持管理は重要な資料保存の施策です。

非日常的な災害対策

それから別途、非日常的な災害対策の観点があります。災害がもし起こったら、図書館の基盤は資料ですから、図書館からすれば、人の次に大切なのは資料です。それをどう守るのか。資料を守るために、あらかじめどのような手だてを講じておくか。火災、水害、大雨、地震、その他についての防備、対応はまだまだですけれども、この柱があります。これについても今日は、触れることはできません。

資料保存における廃棄

収蔵スペースの確保

資料保存の観点から見る大きな柱の三つ目は収蔵能力です。収蔵スペースがなければ、図書館は成り立たないですし、サービスができない。収蔵スペースを確保すること、拡充すること、それが非常に大事です。図書館の基盤整備です。ただそうは言っても実際的には、限度があります。合理的に考えて収蔵スペースにどこまで予算を充当するか。予算、コスト、優先順位の問題があります。ですから、例えば、代替・移し替えをします。先ほど立川の市立図書館、中央図書館ですね。こちらの建物を見させていただきましたが、**新聞の縮刷版**がずっと並んでいます。図書館資料として新聞はやっかいな代物で、原紙をそのまま保存するのは非常に難しい。場所を取りますし、また一般的には保存性の悪い紙資料です。ですから縮刷版・マイクロ版が出ると、原紙は廃棄する。普通そうでしょう。そういうことがここでいう代替です。これは基本的には場所を取るからですね。こういう代替も収蔵能力を合理的に使う方策の一つです。

新聞の縮刷版
新聞の印刷内容をそのまま写真に撮るなどして、取り扱いや形態に便利なよう判型を縮めて印刷・製本したもの。

廃棄

今の事例は別にして、今日の本題からすると問題は廃棄です。資料の廃棄はいけないことでしょうか。一般的に言えば図書館員は廃棄はしたくないでしょう。したくはないでしょうが、廃棄は不可欠の方策です。ですから廃棄が問題ではなく、何を考えて廃棄を実施するかがポイントでしょう。

要するに廃棄は一定程度、仕方ない。ではそのとき、利用はどうなるのか。五冊ある本を一冊残して四冊廃棄する場合は良いですけれども、一冊しかない本を新しい本を買い進めていく中で廃棄するケースが出てきます。皆さんのところでも具体的に出てきている。ですから津野さんが怒って、「本を捨てるな!」をお書きになった。利用はどうなるのかということです。ですからポイントは、私からすれば、廃棄そのものではなくて廃棄の仕方、廃棄後のサービスです。廃棄はない方が良いでしょうが、必要になります。必要だという点を合理的に理解する、判断する。ですから、資料を廃棄して、しかも利用を継続して保証する。その仕組みの構築が必要と考えるべきでしょう。

利用を継続して保証する仕組みとしては、大きくは二つあると考えます。

一つは、保存図書館に依拠する。もう一つは(これは公共図書館の場合ですが)、地域の中で仕組みを作る。この場合の保存図書館とは、例えば、多摩でいえば都立図書館がそうです。国会図書館もそうです。あるいは近隣の大学図書館と連携する。新聞についてはそちらにあるからお願いしよう。雑誌については論文ベースで郵送複写サービスを国会図書館に依頼することができるので、雑誌は廃棄しても利用は保証できる。例えばそういうことです。

それとは別に、地域内で仕組みを作る方策がありえます。

これは、A＝保存図書館に依拠する、B＝地域内で仕組みをつくる、と考えたとして、AかBかの二者択一ではないです。新聞の場合にどう考えるか。雑誌の場合にはどんな方策をとるか。外国の資料はどうか。AかBかではなく、それぞれの必要と事情に応じ組合せの中で考えることでしょう。けれども、保存図書館に依拠するだけではおそらく済まない。例えば時間がかかって間尺に合わない、館内利用に限定される、利用が有料になる、などの短所がありえます。利用者ニーズに合えば良いのですが、そうでない場合も多いことが想定されます。なので地域内で仕組みをつくることが大事になってきます。

地域内仕組みのつくり方

今、日本の公共図書館の現状の中でいえば、一館集中型、分担保存型、共同保存型の三つのタイプの仕組みがあり得ると思います。

一館集中型

一番目。一館集中型は、県域でいえば、県立図書館が中心になって、そこが県下の公共図書館をリードし、協力してもらって、というタイプです。具体的な事例として滋賀県立図書館資料保存センターがあります。これは皆さんの方がよくご存じですが、県下の市町村レベルの公共図書館で資料の廃棄が必要になったとき、この場合は市町村の図書館の方で既に県立図書館で所蔵しているかどうかを調べることになっていたと思いますが、県立図書館で所蔵していない本は県立図書館がその本をきちんと引き受け保管して、それを県民に提供する。バックアップするタイプですね。仮に「一館集中型」と名付けました。

分担保存型

それから、二番目は分担保存型としましたが、これは『多摩デポ通信』六号に紹介がありますが、埼玉県公共図書館の資料保存協定がその一例です。昨年の全国図書館大会で報告があり、私も聞いて大変感心しました。報告者は「我々も滋賀県のように県立図書館が中心になってできればいいんだけれども、そうはできない事情の中で自分たちの中でできることとして分担保存という仕組みをつくった」と話されました。これは、それぞれの図書館が勝手に廃棄するのではなく、ＩＳＢＮで横断的に検索して、ある本が県下に三冊あります、二冊ありますという場合、最後の一冊は捨ててはいけない。ですから、そのタイトルは、県下のどの図書館かに必ず残っている。埼玉県の公共図書館の話ですよ。三冊目の館は捨てていい、二冊目は捨てていい、早く捨てた方が楽かもしれません。そんなことないですけど…(笑)。最後の一冊になったら、それは捨ててはいけない。約束ですから、その図書館は必ず保存し続けなくてはいけない。この仕組みを「分担保存型」と言いました。

「埼玉県域の資料保存の試みについて」　鳥海睦美　多摩デポ通信　第6号　2〜3頁

共同保存型

三つ目は共同保存型。これも多摩デポの方で紹介があったかと思いますが、神奈川県資料室研究会と神奈川県立川崎図書館が協力し合ってつくった**科学技術系外国雑誌デポジットライブラリー**がその一例です。それぞれの資料室、あるいは川崎図書館の持っているもので持ちきれなくなった資料を一か所で預かって、重複を排除しながらそれらの資料のバックアップ機能を持つ。一つのところでそれを保管して、いつでも提供できるようにするタイプです。

基本的には、多摩デポも同じ考えで、このタイプを「共同保存型」としました。

科学技術系外国雑誌デポジットライブラリー

神奈川県立川崎図書館は、学校の廃校教室を利用して、県下の企業資料室等で保存スペースの狭隘化から廃棄を余儀なくされている学術雑誌のバックナンバーを蔵書として受け入れ、整備・保存して、広く県民の調査研究に役立てようと取り組んでいる。

共同保存図書館の運営とサービス

さてそこで「共同保存型」の運営、共同保存図書館の運営についてですが、これには種々の困難が伴います。皆さんの方でも『東京にデポジットライブラリーを』に、今までの議論、計画を立派にまとめておられます。運営については、運営主体、財政基盤、場所、施設、運営体制等々のポイントがあります。

『東京にデポジットライブラリーを　―多摩発、共同保存図書館基本構想』

多摩地域の図書館をむすび育てる会編著　ポット出版　二〇〇三・十二
同会は、東京都立図書館の再編計画が明らかになった二〇〇一年秋にこの再編計画の撤回を求めた運動を行ったが、引き続き市町村の図書館で確実、迅速な資料提供・保存を経済効率を確保しながら実現する方法を検討し、この図書を刊行するに至った。

第一章　保存と利用をめぐる図書館の現状と課題
第二章　東京にデポジット・ライブラリーを作ろう
第三章　多摩地域デポジット・ライブラリーの基本的な対応
第四章　デポジット・ライブラリー実現に向けた経費の概算
第五章　ＮＰＯ法人でデポジット・ライブラリーを運営した場合

資料の受入方針

蔵書については、資料受入れ方針がまず大事なポイントです。
こちらの計画では、同じ本は二冊まで受入れとなっていますが、そうした方針についての現実的な判断。これは和図書の場合でしょうが、雑誌、新聞の場合はどうするか、洋図書も対象か、などの議論も必要となります。当然、受入れて終わり、ではなくて、整理しなければいけない。書誌情報をきちんとして蔵書管理と利用提供ができるようにしなければならない。

資料の維持管理

それから資料の維持管理。

こちらの計画では百年で一千万冊と示されていました。長期的に考えて維持管理の方法、収蔵スペースを考える必要があります。書庫スペースの確保が重要であることは言うまでもない。それから、一般的な保存対策が必要になってくる。例えば劣化・損傷資料への手当、保管環境整備、災害対策、などです。

サービス

—資料の検索がきちんとできるか、資料を迅速に届けてもらえるか—

肝心なのはサービスです。書誌データベースが構築できたとして、検索をサービスにどう繋げられるか。求める人のいる図書館でしょうが、そこへの資料配送はどうするか。発生する費用は誰が負担するか。利用は無料でしょうか、利用する図書館が払うのでしょうか。一般的には、こういうことがポイントとして挙げられますが、皆さんに私がお話ししたい一番のポイントは、利用者から見て共同保存図書館はどんなものか、です。それは資料の検索がきちんとできるか、資料を迅速に届けてもらえるか、の二点に集約されます。

資料の検索については既に津野さんが、先ほど紹介しました『出版ニュース』の中で触れられています。繰り返しになりますがお話しさせていただきます。

そこに入る前に、もう一度ここで最初に申し上げた保存と利用の関係についてお話ししたい。

「保存」と「利用」と言いましたが、保存されているから利用ができる。当然のことです。保存と利用が表裏一体のもので、保存できているから利用が可能になる。利用

（図２）〈保存〉と〈利用〉の関係

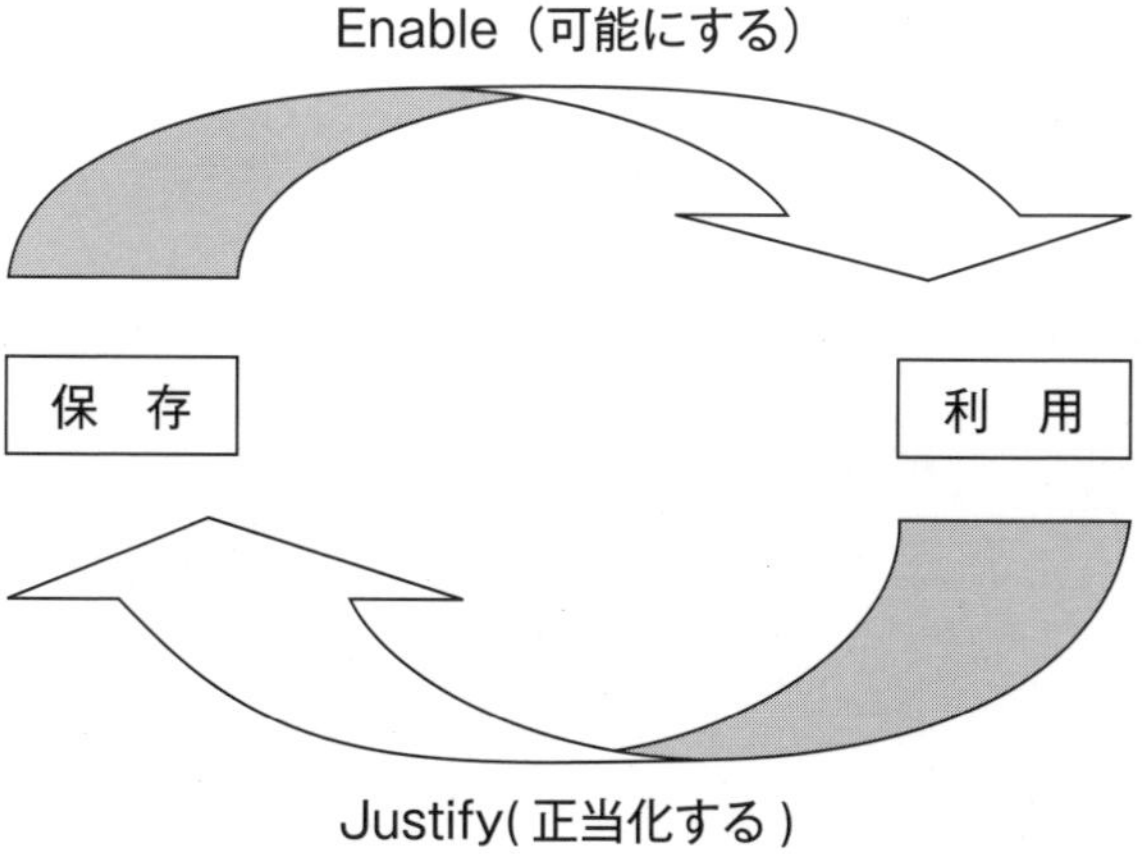

のための保存であることは、私どもも言ってきている。

そうしたことを、少し前、アメリカの大学図書館の保存部長にお会いしたときに話題にした。そしたら彼は「自分は次のように書いて皆に説明している」と示されたのが（図2）の関係図です。それで英語になっています。それがシャープで良かったので紹介します。「保存は利用をEnableする」、可能にする。保存しているから利用、サービスできる。これは私たちも言ってきている。

次いで彼は保存と利用の関係を逆から説いた。ここがとても良いと思いましたが、「利用は保存をJustifyする」。Justifyを日本語でそのまま「正当化する」とするとあまりうまくない。利用されて初めて保存の意義が現れる。利用がなければ保存の意義は限られたものとなる。そういう意味でしょうね。これも言われてみれば当然ですが、そう示せたのがとても良い。

そこで共同保存図書館の話に戻るのですが、利用を可能にする仕組みを皆さんがお考えになっている。同時に、利用によって保存が正当化される仕組み、これがポイントになってくる。

共同保存図書館において「利用を可能にする仕組み、利用によって保存が正当化される運営」として三つ考えました。

蔵書データベース

一つ目は、共同保存図書館の蔵書のデータベースを構築して提供し、検索できるようにすること。

多摩デポデータベースと参加館データベースとの連動

二つ目は、多摩地域の協力連携のネットワークに加わっている各図書館の蔵書データベースと連動していること。

この場合は、多摩デポの蔵書データベースと、例えば立川市の図書館の蔵書データベースが連動していることを意味します。で、立川市の市民からすれば、立川市の図書館蔵書と多摩デポ蔵書を一体的に検索できるということ、これが肝心です。そうではなく、例えば「この本ないですか」と利用者に聞かれて、レファレンス担当の司書が「多摩デポにあるかもしれないから検索してみましょう」とか「あなたが共同保存図書館のデータベースを自分で検索してください」というのではなく、検索すると一緒に所蔵結果が出てくる仕組みですね。多摩デポの所蔵がヒットしちゃう、そこが大事なポイントと思います。

会場の皆さんは図書館の方が多いですからわかると思いますが、市町村図書館の資料検索画面をイメージして下さい。例えば林望先生、リンボウ先生の『イギリスはおいしい』、これは一九九一年に単行本が出ています。普通にいうと、立川市なら立川図書館の蔵書検索で検索すると「次の図書館で所蔵しています。A図書館、B図書館」と出てきます。

ところでリンボウ先生は、同じ本を英語で出しています。このタイトルがすごい。『England is delicious』、日本語からの直訳、随分大胆です…(笑)。日本語タイトルもすごいですが、英語に直すともっとすごい。ところで私の調べたところ、この本は、多摩地域の図書館ではどこも所蔵していない。ですから、今は、立川でも調布でもどこでも市民が図書館の目録を検索すると、「該当データは見つかりませんでした」、あるいは「お探しの資料は所蔵しておりません」と出てくる。

仮にこの本が多摩デポにあったとする。そのときどんな調べ方をするか。利用者はどんな検索をかけるか。先にお話ししたように市町村図書館のデータベースと多摩デポの蔵書データベースが連動していなくてはならない。それで例えば立川市図書館の検索結果の画面は、こうでなければいけない。「当市では所蔵していませんが、共同保存図書館で所蔵しています。取り寄せできますので、希望の方は予約ボタンをクリックしてください」

共同保存図書館を知らない人もたくさんいる。「え、これ何ですか?」と思うかも知れない。

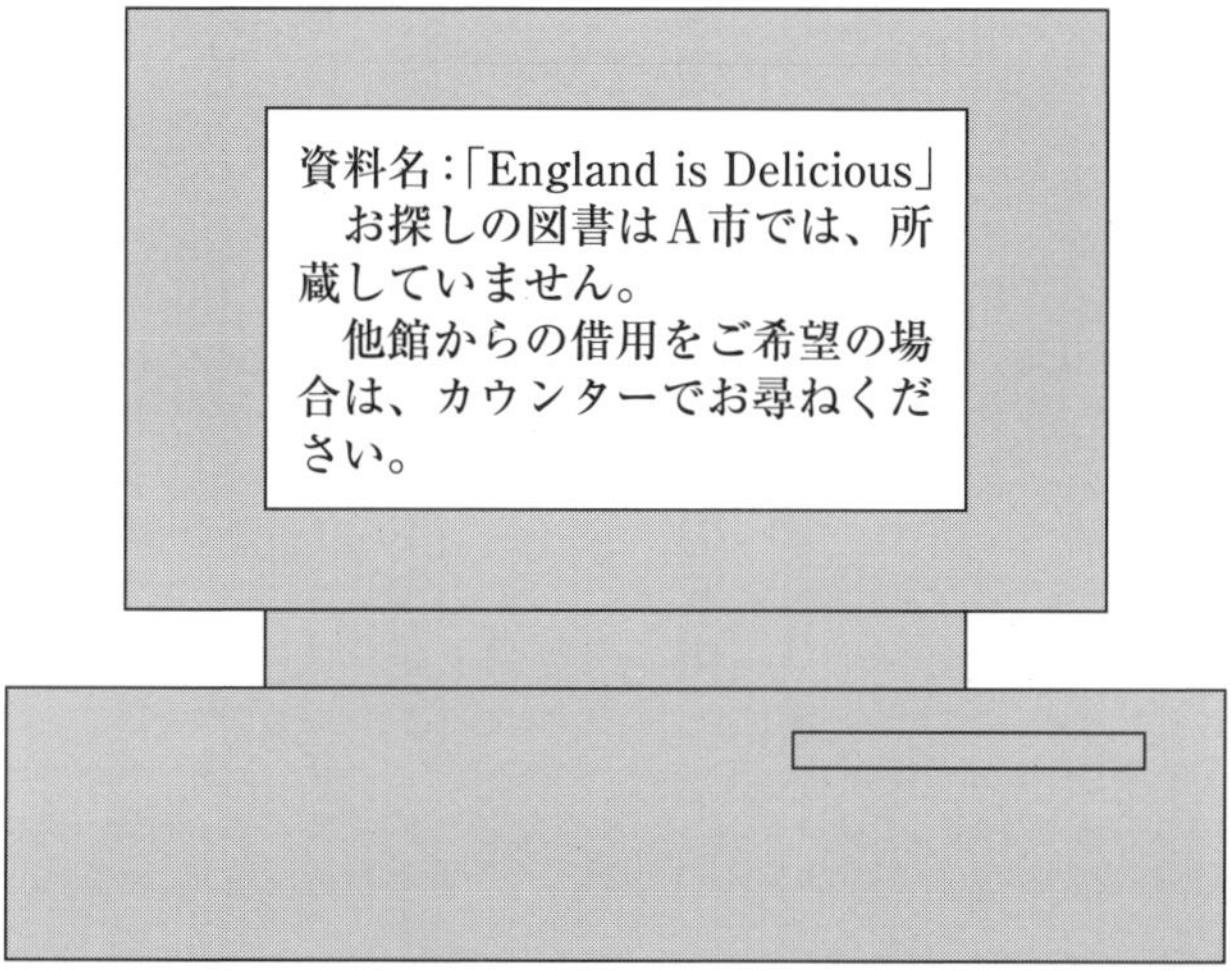
資料名：「England is Delicious」
お探しの図書はA市では、所蔵していません。
他館からの借用をご希望の場合は、カウンターでお尋ねください。

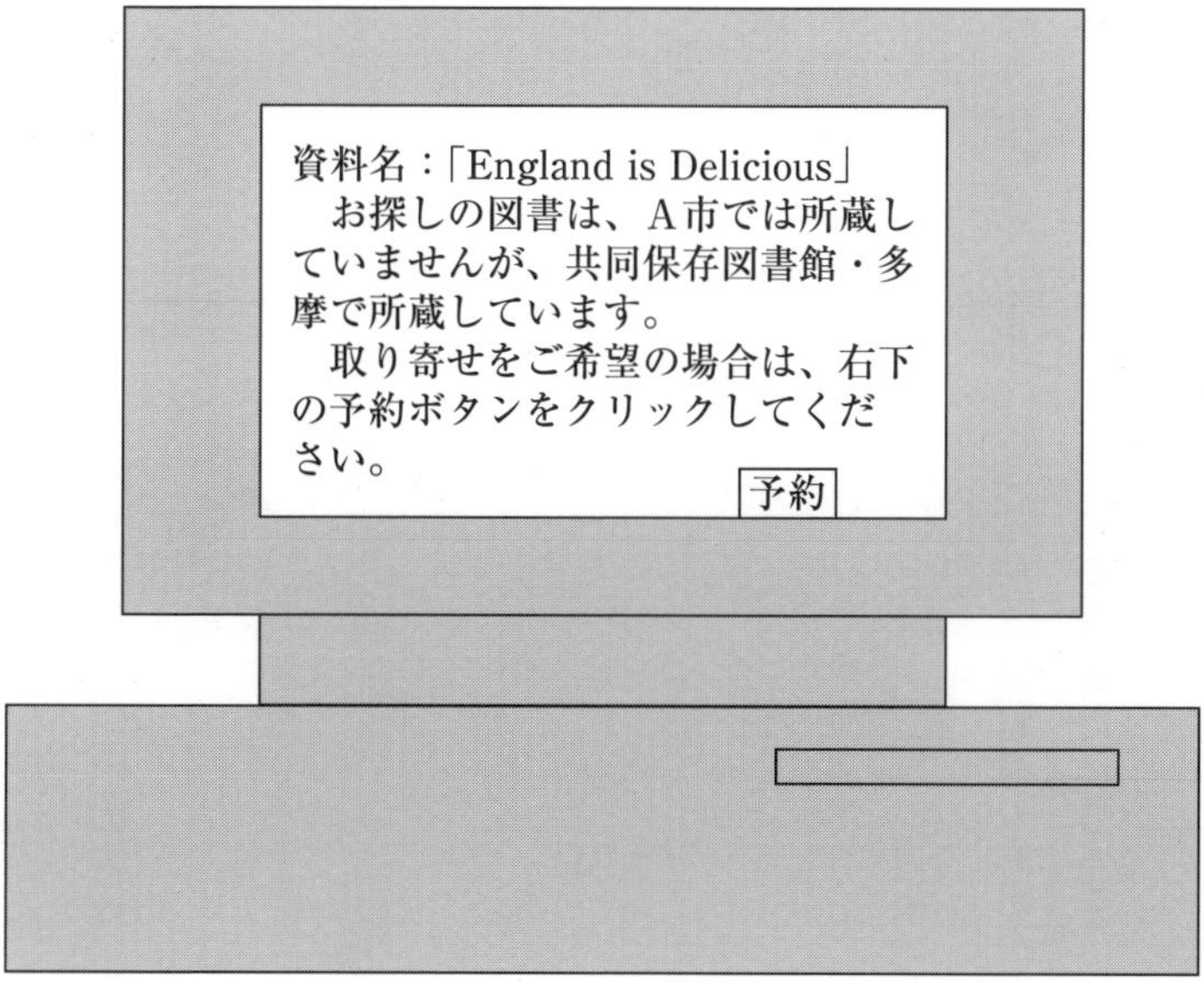
資料名：「England is Delicious」
お探しの図書は、A市では所蔵していませんが、共同保存図書館・多摩で所蔵しています。
取り寄せをご希望の場合は、右下の予約ボタンをクリックしてください。
予約

でも、とにかく資料があることがわかってもらえる。そして取寄せサービスを使ってもらえる。つまり自分の市内の別の図書館の資料を取り寄せるのと同じように多摩デポの資料を取り寄せられるところがポイントです。

私は結構、公共図書館を使いますが、利用者サイドから見れば、そうであるべきだ。こうした検索結果を表せるようなデータベース構築、画面構成が必要です。それによって多摩デポのバックアップが大いに発揮され、その意義が認められることになる。

各図書館の蔵書概念の変化

もう一つ、同じことを別な面からいうと、参加図書館、地域の図書館の蔵書が変わります。

つまり、自館蔵書＋共同保存図書館蔵書＝新蔵書です。

自分の図書館の蔵書、これは自治体ごとの全蔵書といってもいいでしょうね。立川市中央図書館の蔵書は四六万冊、立川市全体の図書館で百二十万冊となっていました。それぐらいの蔵書があります。これに共同保存図書館の蔵書が加わります。これが「新蔵書」です。立川市民の蔵書の新しいコンセプトです。自分たちが直接、管理している資料だけでなく、多摩デポにある資料もいつでも使える。あたかも自分たちの蔵書と同じように使えるわけですから、これを「新蔵書」と仮に言ってみました。

変化するコンセプト
―廃棄でなく保管場所の移動―

こうなると、実は多摩デポ、共同保存図書館に関わって図書館のコンセプトが変わってくると思うのです。何が、どう変わるか。

まず廃棄のコンセプトが変わってくる。資料の廃棄が廃棄ではなくなる。では何か？　移動です。資料の廃棄ではなくて資料が移動する。自分の図書館の書庫・書架から共同保存図書館の書庫に移動するということです。形式的には譲渡、移管、寄贈等によって所有権者は変わるでしょう。しかし機能的には、つまり多摩デポに移しても市民にサービス提供できる点に着眼すれば、廃棄ではなく資料の移動となります。

ですから、例えば立教大学の図書館は新座に保存書庫をもっている。立教大学池袋キャンパスで新座保存書庫の資料が必要になると、毎日の自動車便で取り寄せる。それと同じ機能を多摩デポがもつ想定です。ですからこれは移動。これは大きな変化ですよね。つまり廃棄する方からいうと、あたかも自分のところに保存書庫があると同じように、多摩デポに「この資料を預かってください」、そうなります。

ネットワーク化と広域化

先ほどコンセプトが変わると申し上げたところで言えば、図書館のネットワーク化と広域化も発展するでしょう。多摩デポが基盤となって地域を支えることになりますから、図書館サービスのネットワークの広域化が大きく進展する。

『必要は発明の母』をもじって『必要は協力の母』とも言います。公共図書館が地域の知識情報の基盤であること。周知のとおり一九七〇年代以降、多摩地域の図書館が牽引者となって日本の公共図書館が発展し市民権を得てきました。この地域情報へのアクセスを継続して保証することが資料保存で、物理的にいえば収蔵スペースの関係で、どうしても廃棄が必要になってくる。その中で、協力し合って資料の継続利用を可能にする仕組み、それが協力保存、その一つの形が共同保存図書館だと思います。

次の（図3）は誰だかわかりますか。これはベンジャミン・フランクリンですね。フランクリンと公共図書館の結びつきは皆さんご存じだと思います。フランクリンは

（図３）1775, Jean-Baptiste Greuze 作　出所：Wikipedia

一七〇六年に生まれ、一七九〇年に亡くなりました。彼はアメリカ・フィラデルフィアで、一七三一年、二十五歳のとき、本の少ない時代にみんなで本を持ち合い多少のお金を出し合って、居酒屋の二階で会員制の図書館を作った。

それが公共図書館の先駆と言われ、その後、ライブラリー・カンパニー・オブ・フィラデルフィア（図４）となりました。カンパニーといっても会社ではなく組合制の図書館ですね。組合員が出資して図書館を運営する。共同利用する。だけど、組合員以外も（有料でしょうが）利用できた。

フランクリンは貧しい中で努力を重ね、多能多才な人で科学的な発明も多くある。

（図４）Library Company of Philadelphia

1800, William Birch 作　出所：Wikipedia

フランクリン・ストーブというのがあるようですが、そんなものも開発している。

それから、もちろん建国の父の一人で、アメリカの独立運動にかかわり、独立後はフランス大使を務めた。

もう一つ大事なのは、イノベーションの人だったこと。特にソーシャル・イノベーション、公共図書館がそうですよね。市民消防隊もつくった。

それが必要であれば、仲間を募って実現する。そういう行動の人、必要であれば新しい組織をつくって動かしていく人だった。フランクリンがこちらにいればきっと皆さんと一緒に、早速に多摩デポを進めましょうと（笑）。「私、お金も出します」と言うかどうか分かりませんが、きっと「一緒にやりましょう」と言うだろう。

彼のスピリットはすごくいいですね。自分だけじゃなく、市民が共有して本を持って、その本をもとに勉強して、読み合って議論をして、それがアメリカ独立運動の基盤になった。建国の際の大きな役割としてフィラデルフィアが果たしたのはそういうことだと聞いております。そのスピリットが私達にも重要です。それで、ちょっと道草してフランクリンを紹介しました。

付け加えて

プラスアルファ①

ここまでが大事なことですが、次いでプラスアルファで言えば、『東京にデポジットライブラリーを』の中に触れられているので、私も付け加えますが、共同保存図書館自身が資料の収集をする場合もあり得る。例えば寄贈図書があって、エライ先生か何かの資料ですけれども、各図書館では自分のところではあまり必要ないし、整理する手間もない、場所もない。そういう市町村では収集しないものも、多摩全体では持っていたい。そういう場合に多摩デポがそれを受け入れることがある。

プラスアルファ②

それから有料データベースの購入・提供など。これも各市町村のレベルだと高価過ぎて手がでない。けれども多摩デポで利用契約を結んで市町村図書館をバックアップする。市民に提供できるようにする。こうした施策も検討可能ですが、これは、あくまでプラスアルファのこととして考えていただきたい。

プラスアルファ③

それから蔵書管理でいえば、先ほど言ったコンサベーション、地域の各図書館の大事な特別蔵書、郷土資料について、また他の資料について、多摩デポが修復などのコンサベーション・サービスを提供することが考えられる。例えば、資料を預かって実費で補修する、各図書館職員のための資料補修研修を実施する。あるいは郷土資料のマイクロ化・デジタル化が必要なときに、多摩デポに仕組み、ノウハウ、体制があって対応する。で結局、各図書館の蔵書のインフラ整備とサービス提供をサポートできるようにする。そういうことが展開としてはあり得る。共同保存図書館を、図書館をサポートする図書館として位置付ける。

終わりに

時間になりましたので、もう一言述べて終わりにします。

多摩デポは多摩の図書館をバックアップし、多摩の市民に資料を提供する。そうすることで多摩の地域を起こし、援ける。この三者、多摩の地域、市民、図書館、を支える事業です。そう皆さんが計画されている。けれども同時にそれは、多摩デポが、多摩の地域と市民と図書館の三者によって支えられるということでもあるでしょう。三者を支える多摩デポは、三者に支えられる多摩デポでもある。支える側と支えられる側の相互的な関係ですね。

その地域・市民・図書館の側、そちらの視点で私も皆さんの活動を見守り、声援を送り続けたいと考えています。

今日総会が開かれ、新しいスタート台に立たれた多摩デポの進展を期待しています。再度、そう申し上げて、私の話を締めくくります。

長い時間、ご清聴を有難うございました。（拍手）

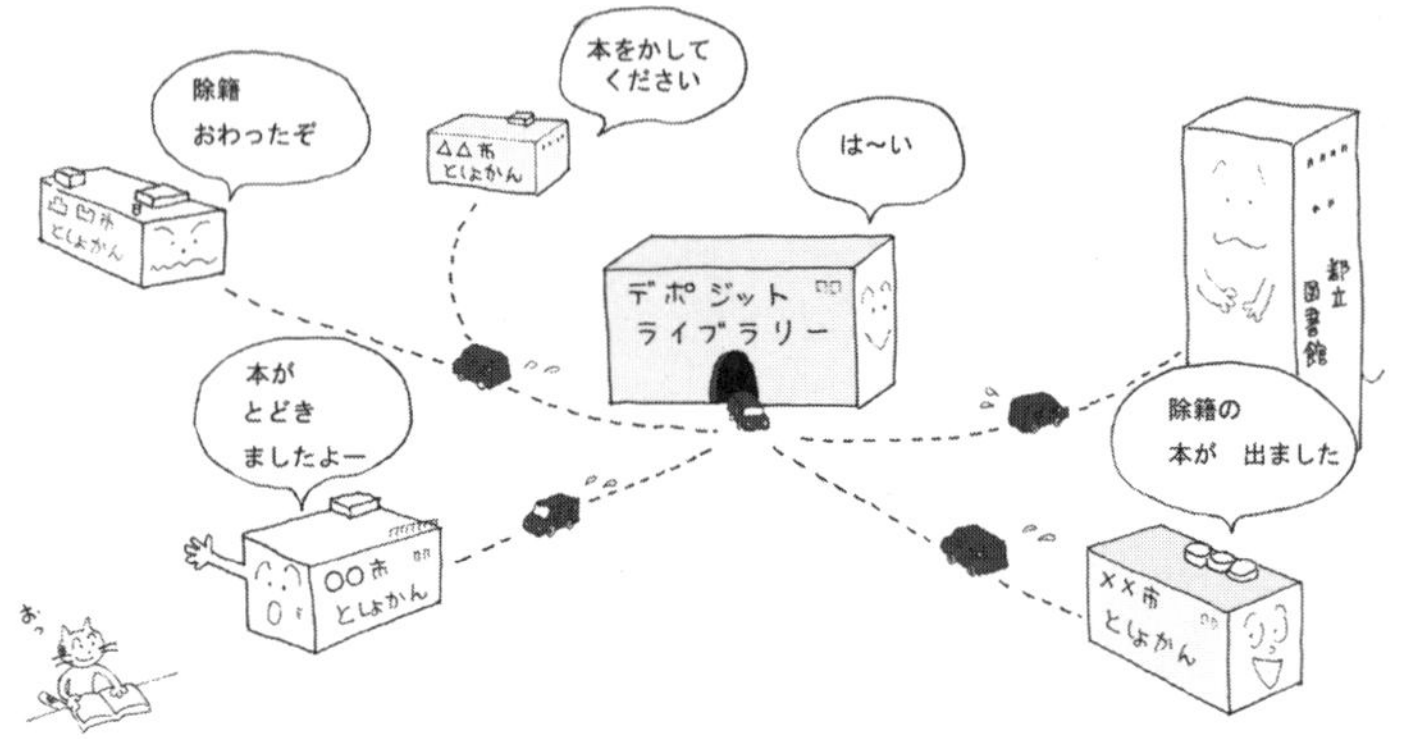

地域・市民・図書館を
支える多摩デポ
地域・市民・図書館に
支えられる多摩デポ

全国図書館大会資料保存分科会テーマ一覧

1984	図書館資料の保存と利用とをいかに調和させていくか －酸性紙問題を中心として
1985	（自主分科会）本の保存をめぐる対話　図書館へ、図書館から
1986	本を保存するために　－図書館の」ための保存科学－
1987	図書館資料保存の課題　－「IFLA資料保存の原則」に即して－
1988	図書館資料保存の現状と課題　－国際的・業際的な視野から
1989	保存の新しい考え方と技術 －主として郷土資料・特別コレクションをテーマに－
1990	誰にもできる資料保存のための調査と計画
1991	利用のための資料保存 基調講演：利用のための資料保存（木部徹）
1992	図書館ネットワーク時代と資料保存 －新たな展開と広がりを求めて－
1993	利用と保存のための環境づくり
1994	すべての図書館員のための資料保存　－資料提供をささえるために－ 基調報告：蔵書管理と資料保存（蛭田廣一）／利用のための資料保存（石井典子）
1995	災害と資料保存
1996	紙以外の資料（メディア）保存のための課題 基調講演：メディアの特性と図書館における保存（上田修一）
1997	図書館資料の分担保存と共同利用に向けて 基調講演：図書館資料の分担・共同保存体制の確立に向けて／課題と展望（冨江伸治）
1998	資料保存のためのメディア変換　－デジタル時代の資料保存戦略－
1999	地域資料の保存と利用をめぐって －地方分権時代の図書館サービスのために－ 基調講演：地域における資料・情報の収集保存体制（根本彰）
2000	21世紀に資料を伝えるために　－これからの保存環境を考える
2001	デジタルアーカイブと資料保存　－デジタル技術の可能性を探る－
2002	進化する図書館のなかで資料保存の原点を探る －科学的視点で資料保存を捉え直す－
2003	地域社会と資料保存　－時間・空間を越えた資料提供のために－
2004	資料保存をとりまく近年の諸課題 －図書館における資料、そしてその保存とは？－
2005	「災害と資料保存」　－図書館員にできること・できないこと－
2006	地域資料のこれから　－電子情報の保存を考える－
2007	地域で資料をどう残すか
2008	マイクロ化とデジタル化 －「利用のための資料保存」を支えるパートナー－

共同保存に関する近年の国内文献

1　図書館問題研究会第55回全国大会第5分科会 資料提供のために―共同保存を考える／宮原みゆき　　ネットワーク資料保存.（90）［2008.12］

2　NPO法人共同保存図書館・多摩の誕生と今後の展望--多摩地区の年間50万冊の資料廃棄を背景に／座間直壯　　出版ニュース.（通号2142）［2008.6.上旬］

3　NPO共同保存図書館・多摩の新たな展開―だれかが声を上げ、動きださなければ、何も始まらない／田中ヒロ　　出版ニュース.（通号2124）［2007.11.中旬］

4　「NPO共同保存図書館・多摩」一年の歩み　　ず・ぼん.（通号13）［2007.11］

5　共同保存の意義を考える（「NPO共同保存図書館・多摩」一年の歩み）／扇谷勉；千代正明；清田義昭他　　ず・ぼん.（通号13）［2007.11］

6　必要な人に必要な資料を貸出すために（「NPO共同保存図書館・多摩」一年の歩み）／斎藤誠一　　ず・ぼん.（通号13）［2007.11］

7　多摩の共同保存図書館構想―収容能力を超えた市町村図書館の資料保存対策［含 質疑応答］（平成19年度関東地区公共図書館協議会研究集会報告書）―（市町村立図書館運営研究会）／座間直壯　　関東地区公共図書館協議会研究集会報告書. 2007年度

8　神奈川県立川崎図書館における科学技術系外国語雑誌デポジット・ライブラリー［含 質疑応答］（平成19年度関東地区公共図書館協議会研究集会報告書）―（市町村立図書館運営研究会）／齋藤久実子　　関東地区公共図書館協議会研究集会報告書. 2007年度

9　本を捨てるな！「NPO共同保存図書館・多摩」のこころみ―図書の「貸し出し」と「保存」の意味を考える／津野海太郎　　出版ニュース.（通号2087）［2006.10.中旬］

10　「NPO共同保存図書館・多摩」の結成―溢れる蔵書と増加する請求を支えるバックヤードを／堀　渡　　ネットワーク資料保存.（81）［2006.8］

11　多摩発、共同保存図書館をめざして―東京都市町村立図書館長協議会の動き／中川恭一　　出版ニュース.（通号 2058）［2005.12.上旬］

12　紹介　神奈川県立川崎図書館における「科学技術系外国語雑誌デポジット・ライブラリー」の開設／齋藤久実子　　情報管理. 47（7）［2004.10］

13　東京・多摩地域のデポジットライブラリー創出をめぐる現状について（特集:書庫と保存図書館をめぐって）／堀　渡　　ネットワーク資料保存.（73）［2004.8］

14　「神奈川県資料室研究会の科学技術系外国語雑誌デポジット・ライブラリー」につい（特集：書庫と保存図書館をめぐって）／市川雄基　　ネットワーク資料保存.（73）［2004.8］

15　多摩発・共同保存図書館（デポジット・ライブラリー）基本構想　図書・雑誌を活かし続けるために／鬼倉正敏　　ず・ぼん.（通号 9）［2004.4］

16　多摩発・共同保存図書館基本構想―東京にデポジットライブラリーを作

ろう！／多摩地域の図書館をむすび育てる会　　出版ニュース.（通号1987）［2003.11.上旬］
17　多摩地域公共図書館の共同保存書庫構想―年間50万冊の除籍図書をどうするか／多摩地域の図書館をむすび育てる会　　出版ニュース.（通号1967）［2003.4.上旬］
18　神資研と県立川崎図書館との協同によるデポジット・ライブラリーのスタート（特集:資料の保存と有効活用について―未来への遺産）／荻原由紀　　神資研（通号 38）［2003］
19　講演会　情報のデジタル化とアーカイヴの問題点―デポジット・ライブラリーのスタートに当って（第500回〔神奈川県資料室研究会〕例会／平成16年3月23日）／金澤勇二：藤村 和男　　神資研（通号38）［2003］
20　在外研究報告　欧米における図書館協力活動―共同保存を中心に／小島和規　　国立国会図書館月報.（480）［2001.3］
21　学術雑誌の共同保存としての「JSTOR」の紹介（特集　メディアの保存と管理）／三原勘太郎　　情報の科学と技術. 50（7）［2000.07］
22　館種を超えた米国の共同保存事業／鈴木三智子　　カレントアウェアネス.（通号240）［1999.08］
23　図書館資料の共同保存をめぐって―現状と展望―第5回資料保存シンポジウム報告／第5回資料保存シンポジウム実行委員会　　国立国会図書館月報.（通号409）［1995.04］
24　学術資源の全国的保存システムと共同保存図書館（リソース・シェアリング--資料利用のための協力〈特集〉）／熊谷 俊夫：重里信一　　情報の科学と技術. 43（11）［1993.11］
25　文献資源の共同保存・利用プロジェクト（関西館構想―調査報告書集成〈特集〉）―(新しい図書館協力への展望)／亀田邦子他　　図書館研究シリーズ.（通号30）［1993.03］
26　関西地区における共同保存図書館への期待―「蔵書の保存と廃棄等に関する調査報告」を中心に（図書館資料の保存と廃棄〈特集〉）／戸田 光昭　　専門図書館.（通号 146）［1993］
27　本の行方を追う―除籍・廃棄・共同保存・リサイクル〈特集〉　　図書館雑誌. 86（6）［1992.06］
28　除籍と廃棄の間（本の行方を追う―除籍・廃棄・共同保存・リサイクル〈特集〉）／竹内悊　　図書館雑誌. 86（6）［1992.06］
29　滋賀県の資料保存センターを目指して（本の行方を追う―除籍・廃棄・共同保存・リサイクル〈特集〉）／国松完二　　図書館雑誌. 86（6）［1992.06］
30　共同保存図書館の諸問題―Center for Research Librariesを中心に／菊池しづ子　　図書館学会年報. 27（1）［1981.03］
31　資料の保存と廃棄―デポジット・ライブラリーの実現をめざして（昭和55年度専門図書館協議会総会・全国研究集会特集）―(研究集会・全体会-1-)／末吉哲郎　専門図書館.（通号 82）［1980］

国立国会図書館の保存活動

(http://www.ndl.go.jp/jp/aboutus/data_operations.htmlより)

国立国会図書館はわが国唯一の納本図書館として、国内で刊行されるすべての出版物を広く収集し、利用に供するとともに、日本国民共有の財産として蓄積し、後世に伝える使命を負っています。

そのため資料は可能な限り、原形の状態で保存することを原則としています。

さらに「利用のための保存」の考え方で、現在と未来における利用を保障する方策として、破損した原資料の修復、マイクロ化の促進、適切な保存環境の整備等について十分な検討を行い、その実施をはかっています。

また当館が策定した「保存協力プログラム」に基づき資料保存に関する内外の図書館等との連絡・協力を行っています。

＊パンフレット「国立国会図書館と資料保存」が、PDFファイルでＨＰに公開されている。

東京都立図書館の資料保存

（http://www.library.metro.tokyo.jp/15/15a70.htmlより）

都立図書館は、前身の東京市立日比谷図書館のころから、製本業務を行っていましたが、平成８年、資料保存執行体制検討部会を設け、資料保存に組織的に取り組み始めました。

図書館資料の多様化・膨大化、劣化の進行などにより、都立図書館では、資料保存の問題は緊急に取り組む必要がありました。検討部会では、さまざまな問題点に対して、今後取り組まなければならない課題を明らかにし、２つの報告書をまとめました。

(1)「資料保存執行体制検討部会報告書（製本業務のあり方）」

（平成９(1997)年８月20日）

(2)「資料保存執行体制検討部会報告書（資料保存のあり方）」

（平成10(1998)年３月25日）

（報告書の概要は都立中央図書館発行「館報　ひびや」149号に掲載。）

＊この後、東京都教育委員会が2002年1月に「今後の都立図書館のあり方～社会経済の変化に対応した新たな都民サービスの向上を目指して～」（都立図書館あり方検討委員会報告）を発表するのに先がけ、都立多摩図書館は、2001年10月に中央図書館・日比谷図書館児童室との複本14万冊の除籍を開始した。

なお、1987年に市町村立図書館のバックアップをメインの業務と位置づけた都立多摩図書館が設立される契機となった「都立図書館のあり方検討委員会（第2次）報告書」（昭和57年3月）の　第3部「都立図書館のあり方に関する提言」では、図書館資料の保存とクリアリングシステム確立について、「…保存図書館に関しては、今後の東京の図書館全体の発展の基盤にかかわるものであり、早急にその検討を始める必要がある。都立多摩図書館（仮称）の建設と併行して実現を検討すべき重要課題である」と指摘し、雑誌のバックナンバーを市町村立図書館から引き取って蔵書の充実に充てるなどの業務に取り組んでいた。

公立図書館の設置及び運営上の望ましい基準
（平成13年7月18日文部科学省告示第132号）

1　総則
（1）　趣旨
（2）　設置
（3）　図書館サービスの計画的実施及び自己評価等
（4）　資料及び情報の収集、提供等
（5）　他の図書館及びその他関係機関との連携・協力
（6）　職員の資質・能力の向上等

2　市町村立図書館
（1）　運営の基本
（2）　資料の収集、提供等
（3）　レファレンス・サービス等
（4）　利用者に応じた図書館サービス
（5）　多様な学習機会の提供
（6）　ボランティアの参加の促進
（7）　広報及び情報公開
（8）　職員
（9）　開館日時等
（10）　図書館協議会
（11）　施設・設備

3　都道府県立図書館
（1）　運営の基本
（2）　市町村立図書館への援助
市町村立図書館の求めに応じて、次の援助に努めるものとする。
ア．資料の紹介、提供を行うこと。　イ．情報サービスに関する援助を行うこと。　ウ．図書館の資料を保存すること。
エ．図書館運営の相談に応じること。　オ．図書館の職員の研修に関し援助を行うこと。
（3）　都道府県立図書館と市町村立図書館とのネットワーク
（4）　図書館間の連絡調整等
（5）　調査・研究開発
（6）　資料の収集、提供等
（7）　職員
（8）　施設・設備
（9）　準用